VENDER CON PROPÓSITO
Descubre Tu ADN Meta-Ventas

Programa máster de 21 días

ANA SILVIA LARA

Derechos reservados© 2024 Ana Silvia Lara

Todos los derechos reservados. Ninguna parte de este libro puede ser reproducida por cualquier medio, gráfico, electrónico o mecánico, incluyendo fotocopias, grabación o por cualquier sistema de almacenamiento y recuperación de información sin el permiso escrito de la autora.

Las opiniones expresadas en esta obra son exclusivamente de la autora y no reflejan necesariamente las opiniones de la editora quien, por este medio, renuncia a cualquier responsabilidad sobre ellas.

La autora de este libro no ofrece consejos de medicina ni prescribe el uso de técnicas como forma de tratamiento para el bienestar físico, emocional, o para aliviar problemas médicos sin el consejo de un médico, directa o indirectamente. El objetivo de la autora es ofrecer información de una manera general para ayudarle en la búsqueda de un bienestar emocional y espiritual. En caso de usar esa información en este libro, que es su derecho constitucional, la autora y el publicador no asumen ninguna responsabilidad por sus acciones.

Ciertas imágenes de archivo © corresponden a Canva

Fotografía: @Koyotedeleon

Edición, diseño editorial y maquetación por: Ana Silvia Lara Publishing LLC | www.anasilvialara.com

21 días
ADN Meta-Ventas

Dedicatoria

"A mis seres queridos, cuyo apoyo y amor incondicional son el verdadero motor de mis logros. Que este libro sea un faro de inspiración y el catalizador que impulse tu capacidad de inspirar, influir y conquistar nuevos horizontes en el universo de las ventas. Que ilumine tu camino hacia el descubrimiento de tu ADN meta-ventas, transformando cada venta en una oportunidad para inspirar y trascender."

Ana Silvia Lara

Contenido

Dedicatoria	i
Agradecimientos	Pág. 6
Prefacio	Pág. 7

CAPÍTULO 1
Ventas conscientes	Pág. 10
Chakras	Pág. 14
Etapas de ventas	Pág. 18
Motor de la venta	Pág. 21

CAPÍTULO 2
Frecuencias Cuánticas	Pág. 24
Frecuencias Neuroakashico	Pág. 26
Frecuencias: Actos del Observador	Pág. 29
6to. Acto Madre Tierra Gaia	Pág. 31
Sistema Cuántico ADN	Pág. 33
DAD y CIÓN	Pág. 38

CAPÍTULO 3
Las 3 Etapas del Método Meta-Ventas	Pág. 45
Construcción del ADN Meta-Ventas	Pág. 46
Cierre de Ventas	Pág. 54
Programa de 21 Días	Pág. 58
Sesión Grupal Día 14	Pág. 75
Sesión Grupal Día 21	Pág. 91
Conclusión	Pág. 94
Libros Recomendados	Pág. 97
Glosario	Pág. 99
Acerca de la autora	Pág. 100

Agradecimientos

Quisiera expresar mi profundo agradecimiento a todas las personas que han hecho posible la realización de este libro:

A mi familia, por su apoyo incondicional y por ser mi fuente de inspiración constante.

A mis amigos y colegas, por sus consejos, ánimo y por creer en mí desde el principio.

A mi editora y equipo editorial, por su dedicación y trabajo arduo para dar vida a este proyecto.

A todos los lectores, por abrir sus mentes y corazones a nuevas ideas y por embarcarse en este viaje conmigo.

Y finalmente, a ti, querido lector, por invertir tu tiempo y energía en aprender y crecer. Este libro está dedicado a ti y espero sinceramente que encuentres valor y significado en cada página.

¡Gracias por ser parte de este viaje!

Ana Silvia Lara

Prefacio

¡Bienvenido a la revolución de las ventas conscientes! Este libro, Vender con Propósito: Descubre tu ADN Meta-Ventas, programa máster de 21 días, es mucho más que una guía de técnicas de ventas; es un viaje transformador hacia la excelencia en las ventas con un propósito profundo.

En un mundo donde las ventas a menudo se perciben como una simple transacción comercial, este libro busca llevar la práctica de vender a un nivel más profundo y significativo. Descubrirás cómo se puede vender con propósito y conciencia.

El concepto de "ADN Meta-Ventas" es central en este enfoque. A través de un programa máster estructurado de 21 días, te guiaré paso a paso para que descubras tu propio ADN Meta-Ventas y transformes tu enfoque de las ventas de manera positiva y sostenible.

Este programa máster rompe moldes al revelar el secreto del ADN Meta-Ventas. ¿Qué es? Es el código genético único que te llevará más allá de simples transacciones hacia conexiones significativas con tus clientes. Aquí, aprenderás cómo cada interacción puede ser una oportunidad para alinear tu trabajo con tu misión personal y valores más profundos.

A través de 21 días intensivos, te guiaré a descubrir y activar tu ADN Meta-Ventas, equipándote con las habilidades y la mentalidad necesarias para cerrar ventas, para ser un líder en tu industria. Este libro está diseñado para aquellos que están listos para elevar los estándares, impactar positivamente en los clientes y, lo más importante, encontrar un sentido de propósito en cada negociación.

Además, invita al lector a descubrir y explorar su propio ADN meta-ventas, lo cual puede generar un interés duradero y una conexión personal con el contenido del libro.

Prepárate para un cambio radical en tu enfoque de las ventas. Este no es solo otro libro sobre técnicas; es una herramienta para aquellos que aspiran a ser verdaderos agentes de cambio en el mundo de los negocios. Únete a mí en este viaje y descubre cómo tus ventas pueden transformar vidas, empezando por la tuya.

¡Que este libro sea el comienzo de una nueva y emocionante etapa en tu carrera como vendedor consciente!

Ana Silvia Lara.

CAPÍTULO 1
Ventas conscientes

Ventas conscientes

Bienvenidos a ADN Meta-Ventas conscientes, el programa de 21 días. Hay muchas formas en donde se conecta con esos sistemas de creencias acerca de las ventas, sobre todo porque los talentos, habilidades y capacidades se ponen en juego.

Es decir, desde bebés o desde el vientre materno, todo ese sistema de creencias de alguna manera se va permeando y a lo largo de la niñez, juventud y pasar a conectar con todos los campos y sistemas, relacionados de ventas, negocios, empresas y de alguna manera está también el estado de la carencia, el estado opuesto de la abundancia y la prosperidad.

¿Cómo me conecto con las ventas desde mi estado de temor y carencia a mi miedo? Temor de que la venta resultante no sea tal cual es y me impida hacer el proceso de la venta, o bien sea incapaz de poder realizar el acto de la venta, todo el proceso hasta llegar a un cierre. Hay muchos conceptos, muchas creencias en todo el proceso de la venta; de lo que se ha vivido, de lo que quizás se ha aprendido en el trayecto y conforme se va teniendo esas experiencias de vida, se irá entendiendo que las ventas es más que el acto de comerciar o hacer alguna transacción, sino también es el acto de dar y compartir.

Entonces el crear todo el proceso en los sistemas de creencias de las ventas es un proceso que se va a ir trabajando durante los 21 días y sobre todo el hecho de que se está integrando las ventas conscientes sin que tengas que vender algún producto o servicio cuando en sí mismo también se realiza el acto de la venta.

Sin saberlo, estas en contacto constante todos los días con las ventas, indistintamente que vendas o no. Conectas con el acto del dar y compartir de las ventas.

La negociación y marketing también son parte de las ventas, son sistemas interrelacionados que se van sincronizando e interrelacionando con otros sistemas e ingresan una nueva información acerca de las ventas

En todos los actos de negociación intrínsecamente hay una venta, se vende algo tangible o intangible. Se trata de empezar a abrir y transformar desde esas conexiones neuronales que se van realizando en el día a día. Cada día del programa contiene un audio de la conexión neuronal que se empieza a trabajar con la manifestación consciente.

Se está instalando un nuevo ADN de las ventas, un nuevo sistema en el ADN acerca de las ventas y como beneficios empieza a tener ese movimiento fluido. En general se empieza a tener esa sincronicidad desde la amorosidad con las ventas y eso se va a ver reflejado en las relaciones con el entorno, con los hijos, en las familias, en los negocios, en las empresas. Se apertura las relaciones en general con el entorno, a ser más empáticas, más en conexión con el corazón y eso es lo que hace falta en las ventas.

Un nuevo sistema cuántico que va a permitir estar en conexión de una manera más fluida y amorosa con las ventas y entorno. Eso se traduce en bienestar, equilibrio, prosperidad, dinero, abundancia, salud, porque todos esos campos se interrelacionan.

La salud física, mental, emocional tiene una relación con las ventas. El dinero, la abundancia y la prosperidad tiene una relación con las ventas; la relación de pareja, relación de amor con el entorno tiene relación con las ventas conscientes, con las ventas en general.

Chakras

Los chakras son centros energéticos que en algunas culturas muestran los colores y la distribución de los chakras desde el chakra corona hasta el chakra raíz. Se menciona en el sentido de ir conectando todos los centros energéticos y toda esa información alojada ahí.

Todos los pensamientos acerca de lo que son las ventas o esas experiencias de vida que se han ido trabajando con estos campos, con el tema y aplicando la tecnología en la etapa correspondiente, va a desintegrar e ingresar una nueva información. La conexión hacia arriba y hacia abajo, que es la materialización, cómo empezar a conectar para materializar y cristalizar estos proyectos, todo el tema de Meta-Ventas.

- *Día uno*. Chakra corona, movimiento fluido primera etapa.
- *Día dos*. Fluido natural de la vida que es como empezar a conectar desde el vientre materno y de otros ciclos y realidades.
- *Día tres*. Reconectando con la fuente creadora de inspiración. Se empieza a conectar con esas habilidades, capacidades, con todas los campos y sistemas, talentos como la creatividad y para ello se va trabajando desde el chakra corona.

- *Día cuatro.* La observación empieza a integrar el gran observador, el observante y lo observado. Entonces son varias etapas que empiezan a trabajar los diferentes actos en su interrelación a nivel grupal.

Conforme se va avanzando esas estructuras, este ADN meta-ventas se irá aplicando en las ventas personales, de negocio y empresariales. En definitiva, hay cruce de sistemas, empezarás a hacer más flexible con la parte de la estructura. En todos los negocios hay estructuras que tienden a ser muy rígidas y eso es cruce de sistemas llamado también tráfico neuronal.

Siempre se está negociando, desde el nacimiento hasta el día de hoy. Entonces se está abriendo el corazón, mente y conciencia a toda esta nueva información que permite tener una mejor calidad de vida, a desarrollar más los talentos, dones y habilidades con toda la certeza, confianza con el entorno, y sin tener que hablar de la palabra ventas desde el temor o el miedo a ser criticados, a ser juzgados. Porque cuando ya entiendes y conectas con el acto de la venta, es el acto más puro, intrínseco del amor. Pero hasta que se conecta se revela realmente cuál es la finalidad de la venta.

Estar en empatía o conexión con las personas es un acto de la venta, se puede afianzar los estados de la venta desde la verdad, desde una primera etapa para que se haga el cierre en su totalidad. Porque usualmente has tenido alguna conexión con las ventas, productos, servicios, vendedores, empresas.

Ya se está trabajando con la estructura y eso de alguna manera muestra que hay muchas interferencias, interrupciones a nivel de redes neuronales, es decir, está siendo parte de esos cortocircuitos y se observa al dinero como la cantidad de luz que se requiere para que el cerebro esté en equilibrio; o bien por otro lado, se observa al dinero de otra manera desde la separación y se está llevando a la venta ese acto intrínseco de cubrir ciertas necesidades de dinero.

El acto de la venta es mucho más, como la relación con el amor, el dinero y cuando se conecta hacia algo más, por ejemplo, la satisfacción de dar y compartir con ese gozo o alegría. Si esto se aplica al estado actual de la vida se verá una transformación; es ver las ventas y llevar la atención hacia el motor o motivo de venta.

Se ha distorsionado mucho el acto de las ventas, sobre todo los métodos de venta tradicionales y cómo han llevado al estado de las ventas. Al campo o al sistema de las ventas dale su espacio y lugar desde la honorabilidad, solidaridad, familiaridad si se conducen con la verdad desde un inicio.

Las ventas conscientes trabajan sin estrés ni expectativa. Se trata más bien de las conexiones neuronales con el entorno, logrando ese cierre o esa venta consagrada.

Todo depende a medida que empiezas a conectar en la forma de vender de corazón a corazón. La clave de todo es que tu conexión con la persona sea fuerte y desde la verdad, ya que eso puede establecer una venta. Desde un inicio es una cuestión de tiempo que se vaya acomodando todo lo demás para que se haga el cierre con mucha facilidad, verdad, certeza, seguridad, honorabilidad de tu parte y también de las personas.

Etapas de las ventas

Hay tres etapas antes, durante y el posterior. Donde se empezará a recablear el cerebro para tener esas conexiones o esos estados coherentes de conexión con las personas. El servicio al cliente va a tener 3 etapas: antes, durante y el posterior hasta la venta consagrada, desde el estado de la armonía y eso puede ayudar a también ser referente para generar más redes.

ADN Meta-Ventas, en el sistema tradicional, son tres etapas de la presentación del producto.

- Etapa 1. Conectar con el cliente.
- Etapa 2. Mostrar el producto o servicio.
- Etapa 3. Cierre.

La intención es transformar el mundo de las ventas anclando este meta ventas. Empiezan a abrir y a integrar las líneas del espacio tiempo, lo que directamente tiene que ver con una cuestión neuronal. Entonces, a medida que las neuronas se mantengan en equilibrio o se instale ese nuevo sistema, las ventas también se van a mantener en ese estado de equilibrio.

ADN Meta-Ventas se trata, esencialmente, de ir ingresando información para después ir colando esa misma información que se vaya percibiendo, ya sea durante los sueños, en la vida diaria, en lo que se lee u observa; se irá anotando esas palabras para después irlo vaciando.

Completando todo el proceso es cuando se llega a la tercera etapa en la que se instala un nuevo sistema y es precisamente el nuevo ADN Meta-Ventas o el nuevo sistema desde el ADN y se va a estar integrando desde el plexo solar, desde esta etapa de ADN Meta-Ventas y de ahí se va trabajando con la función tiempo, con la variable del tiempo, plexo solar. Aun así, si algunas cosas se postergan, se tiene retrasos o que las cosas van a destiempo; es cuando se ve afectado el plexo solar, estómago, intestinos. Por lo tanto, se irá integrando y reparando estas neuronas que se localizan en el estómago, integrando el tiempo para integrar este nuevo ADN Meta-Ventas.

En esta tercera etapa también se empieza a trabajar el chakra sacro, que es el segundo chakra y que puede desarrollar ese sistema desde la perspectiva de la expansión. Entonces, para crear esas conexiones neuronales de desarrollo y expansión es porque se está conectando con la prosperidad y abundancia; lo que abre todas las posibilidades, además del negocio; ya sea de empresas, de conexiones, de interacciones con el entorno, etc.

A diferencia de los sistemas tradicionales en lo que comúnmente se caen las ventas, en este tienes una venta consagrada y difícilmente puede caerse, eso va a hacer que se afiance al sistema cuántico de ventas y que empiece a conectar desde el estado de la expansión con las ventas conscientes, para después replicarse en las ventas conscientes en todos los sistemas, áreas de trabajo, de profesión, de familia y de relaciones con el entorno.

Motor de la venta

Escribe el motor/propósito de tu vida:

_____
_____
_____
_____
_____
_____
_____
_____
_____
_____
_____
_____

Escribe 3 objetivos o propósitos a trabajar en este programa:
1) _____
   _____
   _____

2) _____
   _____
   _____

3) _____
   _____
   _____

Motor de vida/venta

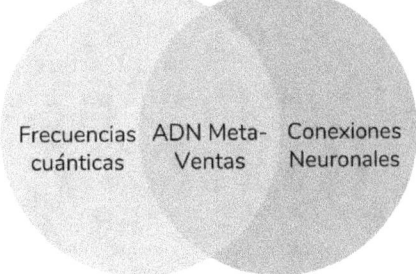

Este programa de 21 días se trabaja para integrar e ingresar el nuevo método ADN Meta-Ventas con manifestación, actos del observar y frecuencias cuánticas que veremos más adelante.

CAPÍTULO 2
Frecuencias cuánticas

Frecuencias cuánticas

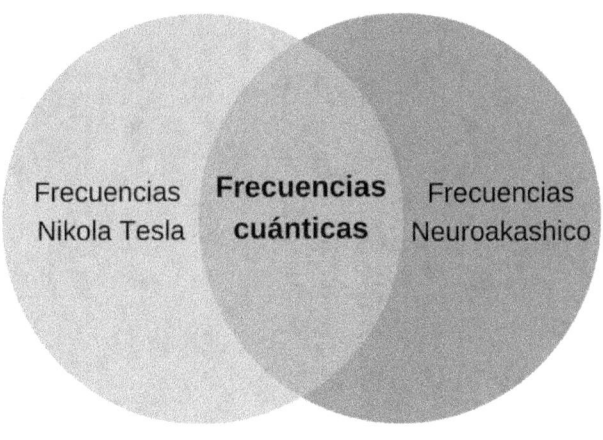

"Si supieras la magnificencia de los números 3, 6 y 9,

entonces tendrías la llave del universo"

Nikola Tesla

La serie de Fibonacci está en todo, en toda la naturaleza y en toda la conformación de nuestro cuerpo, y es precisamente de esa manera en la que el cerebro empieza a conectar con los actos del observador, estas son las nuevas frecuencias que se van integrando. Este proceso requiere tiempo, dado la conexión ocurre poco a poco.

La serie Fibonacci tiene relación con las frecuencias de Tesla ya que el cerebro integra y reconoce los números 369 e integra esta información al campo cuántico. Es decir que el cerebro empieza a recablear, resetear y reconectar hacia el origen con estas frecuencias. Dependiendo de cómo se dirige la energía con las palabras; hacia allá irán. Por eso es muy importante redirigir o direccionar a través de la palabra.

Frecuencias Neuroakashico®

Es un sistema cuántico que trabaja con frecuencias cuánticas en forma de códigos, palabras con terminación CIÓN y DAD, actos del observador, entre otros. Consta de un modelo de cuatro etapas:

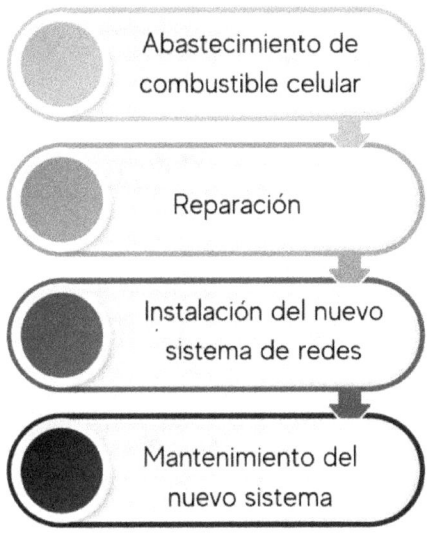

Las 3 etapas de cualquier evento, circunstancia o situación son:

- Antesala
- Durante
- Posterior

El combustible debe ser suficiente para que el cerebro pueda llevar a cabo sus funciones. Se requiere una cantidad de combustible en nuestra maquinaria para poder hacer todo el proceso de reparación, instalación y mantenimiento. Por lo tanto, sí el entorno está muy mermado y las personas de nuestro entorno llegan a esa falta de combustible; pueden caer en procesos de mecanismos de defensa.

Nuestro cerebro empieza a enviar y a conectar con mecanismos de defensa debido a la falta de combustible. Los mecanismos de defensa son lo que se han mencionado: frustración, ira, enojo, incertidumbre excesiva, duda, confusión, soberbia, los siete pecados capitales, entre otros.

Por eso, cuando nuestro cerebro está recableado, está abastecido de combustible durante estas 3 etapas (esto es el equilibrio), además de desarrollar las capacidades a su máxima expresión, como lo es la visión remota avanzada, conectar en red y tener una influencia con su entorno.

Las señales que tú tengas son una respuesta a lo que has estado esperando o una direccionalidad, porque a veces no sabemos tomar alguna decisión, si es el momento de salirnos, de viajar, de tomar esa empresa, ese negocio, ese trabajo, esa relación de pareja. Lograr desarrollar nuestro potencial y llevarlo a niveles más altos es la máxima expresión, porque está directamente relacionado con nuestras habilidades culinarias, científicas, artísticas, deportivas, entre otras.

La esencia de todo es que, con la nueva tecnología; sí vuelve a replicar, no lo va a ver con la misma intensidad, puede ser una enfermedad, pérdidas, alguna merma, algún cruce de sistemas. Lo que va a ser es que va a acordonar el campo, lo que logrará que las réplicas sean mínimas. Una de las cosas que se han observado es que dejan de haber postergaciones y empieza a materializarse.

Certificación Neuroakashico®

Frecuencias: Actos del observador

Los actos cambian y se transforman, como el movimiento de una ola para poder ir hacia el 6° acto. Se aplican en tu vida diaria; en cualquier evento, circunstancia, situación, desde que inicia y termina tu día, en cualquier área: personal, empresarial y de negocios.

Los actos del observador son:

- **1° acto** integra el estrés o cuerpo físico; este acto es observar tu respiración, es observarte desde ti.
- **2° acto** integra el estrés o el cuerpo emocional, intestinos; es observarte fuera de ti, como si estuvieras afuera de ti observándote.
- **3° acto** integra el estrés o cuerpo mental (racional) y mente; es observarte desde una gran montaña o cascada.
- **4° acto** integra el equilibrio corazón-cerebro-intestinos, coxis; es observarte desde el corazón.
- **5° acto** integra hacia el equilibrio corazón-cerebro-intestinos-coxis; es observarte en ambas direcciones, desde el corazón hacia el entorno (afuera) y desde el entorno hacia el corazón (adentro), formando un gran vórtex desde el corazón.
- **6° acto** integra hacia el equilibrio corazón-cerebro-intestinos-coxis-corazón cristal Madre Tierra Gaia.

Los actos del observador trabajan en 3 tiempos para llegar hacia el 6° acto: antesala, durante y posterior; en otras palabras, puede interpretarse como pasado, presente y futuro, esto quiere decir que, para todo evento, circunstancia o situación, hay una antesala, durante o posterior. La finalidad es entender e integrar los actos del observador como nueva conciencia en tu vida diaria.

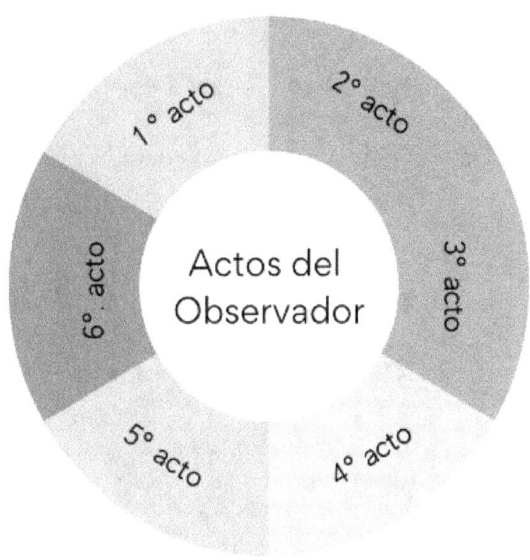

6º Acto. Madre Tierra Gaia

Se integra el amor, el amor propio, el amor en todas las manifestaciones, porque ahora toca recibir, por lo que el mismo campo se va manifestando. Por eso se abren puertas, sin saber cómo, pero se abren, viene la apertura de muchos proyectos, eventos y situaciones.

Replicación es que se puede replicar y expandir el ADN Meta-Ventas en empresas y negocios. De hecho, la Fibonacci es la expansión, es la replicación. Esta nueva información tómala en el corazón y recuérdala todo el tiempo. Conecta esa sensación de que nunca se está solo ante las adversidades de la vida, del entorno y estás contenido por la Gran Madre Tierra.

El campo muestra la renovación, la reinvención como personas, como negocios y en los productos/servicios. En general, con las relaciones con el entorno, y eso es dar paso a algo nuevo, la estructura: cruces de sistema para romper esquemas.

Dirigiéndose hacia ese estado de prosperidad ya estás abriendo y creando nuevas redes, clientes y usuarios. Se está arando la tierra para dar el paso a lo siguiente, que es la expansión y replicación. Recuerda que la creatividad, la fuente de inspiración, la fuente inagotable de inspiración ya está en ti. Hay un impacto en el entorno, por lo que es normal observar lo que está ocurriendo para familias, equipos de trabajo, usuarios, clientes, etc.

Observa las emociones, integra y continua hacia adelante. El cerebro deja de percibir las cosas como lo bueno y lo malo porque se va a integrar estas dos partes del ADN meta-ventas. Al instalar una nueva información el cerebro va a empezar a integrar esas estructuras, esa división y comenzará a integrar.

Sistema cuántico ADN

Uno de los beneficios de este programa es que se va a poder conectar con las personas aún sin conocerlas, aunque vivan en otro país, incluso aunque hablen en otro idioma, sin barrera alguna a que se pueda generar la venta, sea por teléfono o presencial. Cualquiera de todas esas formas se va a realizar la venta consciente y se va a seguir trabajando con el motor de venta.

Una venta consciente ir con movimiento fluido, sin forzar, sin esforzarte, sin caer en estrés, sin expectativas, se deja de ir contra la corriente y más bien se va con el flujo natural. Y más que nada disfrutando también el proceso. Es más, conectar la venta y con la persona. Todo recae en generar esa conexión más humana y ahí se generan los puntos de inflexión o conexión. Entonces, a partir de ahí ya tienes el 60% de la venta.

Ahí es cuando se puede trabajar con las palabras y los actos del observador para que conecten realmente con las personas y eso le va a dar la fluidez. A veces sin conocer el producto o el servicio al 100%; ni siquiera los vendedores top conocen absolutamente todo de su producto o su servicio. Entonces, la sugerencia cuando preguntan algo que se desconoce o tiendes a olvidar por el miedo; es consultar. Por ejemplo: *"Permítame unos minutos para darle la información correcta".*

Entonces, se conectarán las relaciones con las personas en el periodo de la antesala, durante y el posterior, incluso posterior a la venta consagrada. Cuando conecten con su motor de vida es una información que está en su campo y eso mismo puede atraer a los clientes potenciales, también amorosos y abundantes para que se haga el proceso de la venta.

Se está desarrollando un sistema cuántico en el cerebro y desde tu código genético, que es un es un supercomputador en donde se ingresa la nueva información de ADN meta-ventas a tu campo de información o campo cuántico.

Los niveles de desarraigo y anclaje a nivel grupal eran muy altos, oscilaban para arriba y para abajo después de haber localizado todas las coordenadas de cada usuario para integrar de nuevo al grupo de ventas conscientes.

Ha sido un poco complejo dado la intervención del sistema de ventas con los negocios a nivel de empresas de países. No depende solamente de la relación con las ventas, sino de otros sistemas más globales, universales, mundiales, a nivel de país, estado, ciudad, municipio, fraccionamiento.

Toda la interferencia o cúmulo de desinformación que representa cruce de sistemas con las complejas subidas y bajadas es debido a que todavía se está regulando el sistema, tratando de encontrar y de integrar toda la nueva información.

Por lo tanto, cuando se ve un quiebre del sistema a nivel de ventas, incluso desde su ADN, viene muy marcado, incluso desde el código genético. Ya que la cuestión del dinero probablemente viene generacional, incluso a nivel de historias de sistemas ancestrales, familiares o incluso desde antes.

Eso de alguna manera estaba mermando, incluso estaba mermando en el cerebro, campo cuántico y de información; toda esa desinformación que incluso venía desde el código genético o la interrelación en otros sistemas. Porque todo lo que genera estructura es inflexibilidad.

Por esa razón se debe generar en todos los procesos de las ventas una flexibilidad sin tanta estructura para que pueda tener esa esa fluidez, los movimientos o los procesos de las ventas, porque ahí está el cruce de sistemas.

Ante esto, la segunda etapa comienza a trabajar y a reparar la cuestión del dinero desde el ADN del código genético, lo que lleva a una transformación de las ventas. Lo que se encuentra es el origen real de donde se está dando en el sistema de redes neuronales a nivel del código genético.

Al hacer esas reparaciones se pasa a la etapa tres, a instalar un nuevo sistema cuántico de ventas, donde también se empieza a trabajar como conectar con el motor y speech de ventas, que es prácticamente empezar a conectar con el generador-transformador de ventas.

A partir de este momento que se ingresa un nuevo sistema se va a estar ingresando nueva información y se va a trabajar con los ciclos del tiempo a nivel del cerebro, redes neuronales y empezar a conectar ciclicidad, espacio, todo lo que tenga que ver con el tiempo. Y desde ahí empezar a crear el ADN Meta-Ventas, así como el generador. Se empezará a trabajar con las palabras de CIÓN Y DAD que van a ser las palabras para ir equilibrando los hemisferios cerebrales y al mismo tiempo en que se hace la transformación del código genético al ingresar esa nueva información. Por eso es importante tener claro qué es lo que quieres a nivel personal, en los negocios, empresa, es decir, las metas o a dónde quieren llegar.

Todo esto para que el cerebro empiece a crear esa nueva expansión a nivel cerebral, dejar de ver la separación, la cuestión del dinero desde la carencia. Es empezar a conectar todas las zonas del cerebro que empiezan a integrar esa nueva información en conexión con corazón, intestinos y conforme se vaya avanzando al corazón de la Madre Tierra y vuelve el ciclo a los hemisferios cerebrales donde también está la venta consagrada.

Se integra el chakra raíz en la 4ta etapa, que es darle mantenimiento y de donde viene la materialización, la cristalización de los proyectos, negocios de las ventas. Ver más allá y empezar a conectar con las ventas desde un estado de prosperidad en donde los servicios o productos personales, empresariales, proyectos, programas, etc., puedan ser vistos desde un proceso, desde la expansión o desde el cerebro expandido.

Esto que se está trabajando se puede replicar en la familia, hay una transferencia de información o replicación con el equipo de trabajo y eso tiene una buena contribución al sistema, porque se beneficiará al usuario y al grupo al que pertenece, esto debido a que el cerebro llega a ese estado de armonía, impacta todo su entorno, llevando a todos los demás a ese estado de armonía.

Trabajar las cuatro etapas puede ser una antesala a todo el proceso que se ha estado viviendo en las ventas conscientes, lo que cada uno ha realizado se refleja a nivel personal, físico, mental, emocional. Y también en cómo ha impactado la cuestión del dinero, campos, sistemas de expansión y de prosperidad.

Cada individuo es esa fuente inagotable del dinero, de la prosperidad, del amor, de la luz sin conectar con la carencia, es decir, el cerebro se va a desconectar de ese estado y va a estar en esa certeza total de que ya es.

DAD y CIÓN

Hay neurocientíficos que hablan del cerebro triuno: el cerebro reptiliano o el que se maneja por instintos, el cerebro emocional y racional. Comienza la apertura para integrar los 3 cerebros con las frecuencias cuánticas para crear nuevas conexiones neuronales:

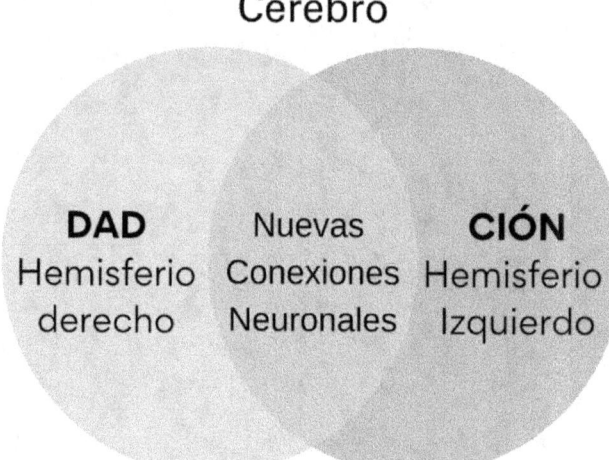

Entonces, para integrar todo y dejar de ser tan instintivos se irá viendo el proceso de conectar con el cliente, pero también con las personas del entorno. Por eso es importante empezar a conectar más desde la unidad, desde el cerebro emocional, racional, lógico a un cerebro en su totalidad. Integrar todas las áreas del cerebro en conexión con el corazón, intestinos y el corazón de la Madre Tierra, que sería el 6to acto. Entonces, lo que se hará es llevar el cerebro a ese estado y donde incluso se instale el nuevo sistema cuántico de ventas desde el ADN.

Esto es lo que se ha estado haciendo durante el trayecto, incluso desde la antesala, durante y posterior del programa. Cuando se ingresa en la etapa posterior del programa, viene la etapa de asentar la energía, todo este programa. Así como también el proceso de materialización y cristalización.

Lo que se está vivenciando está relacionado con las ventas, ya que se acordona cuando se está en un campo, evento, situación, circunstancia, etc. Se está ingresando una nueva frecuencia que es el 6to acto, es decir, es un cerebro expandido, entonces lo que está haciendo este sistema es abastecer todo este proceso de cuatro etapas para acordonar el sistema. Por decir, el motor de vida tiene relación con los hijos, familia, estudiantes, equipo de trabajo, comunidad, empresa, organización, salud, dinero y con la prosperidad.

La frecuencia cuántica cerebral empieza a sincronizar y a acordonar el estado de prosperidad, porque ya empieza a ingresar la nueva información en donde incluso la forma de hablar y la forma de pensar se va a transformar y quizás se empieza a conectar con el entorno de forma expansiva, sin temor al miedo, a la carencia de dinero, entre otros. Sino más bien conectar desde ese estado de prosperidad o esto es el 6to acto.

Por tal razón, integra el todo completo desde un estado de flexibilidad y de todas las palabras con terminación DAD y CION que se han estado integrando, por ejemplo: seguridad, serenidad, tranquilidad, totalidad, neutralidad, facilidad, conectividad, neuroplasticidad, reconexión, materialización, creación, transformación, integración, etc.

Conecta con el mundo de posibilidades infinitas, es decir, lo que ven tus ojos tómalo como una posibilidad de negocio, de ventas y eso es gran una contribución. El mundo de todos los negocios también forma parte del dinero, el dinero a los negocios y el ver que todo es un negocio, todo son ventas. Se deja de ver cómo algo malo, porque ahora se ve como una posibilidad, una gran contribución.

Incluso al tener o al lograr la expansión neuronal, es porque el cerebro ha integrado la mayor parte de los campos y sistemas de redes (el 6to acto); el cerebro ha captado todas esas frecuencias del entorno, pero lo ha hecho desde un estado de armonía y prosperidad.

En la vida diaria, cuando se deja asentar la información de algo, ya sea un proyecto, un suceso, una conversación, un negocio; solo es cuestión de tiempo, dejar que el movimiento de la ola se vaya asentando, porque cuando eso ocurre tiene que ver con ese recableado o las diferentes realidades, los actos del observador de llegar del primero al 6to acto hay diferencias de microsegundos. Por lo tanto, esas diferencias de microsegundos se van haciendo casi cero o se van compactando de tal manera que deja de haber diferencias o separación y es ahí que se llega al 6to acto.

La conexión neuronal es un campo en donde están todas las personas y se ingresa esa nueva información. Lo que hace es que se trabajen los actos del observador, lo que quiere decir que la interrelación del cerebro con los sistemas de las ventas requiere este procedimiento para integrar una nueva frecuencia. Es como si ingresara en cada etapa, escalón, fase o día que se ha estado trabajando. El resultado será un sistema de ventas que vas a empezar a aplicar para todo.

Sin tener ningún producto o servicio a la venta, vas a tener un sistema de ventas activo que vas a poder aplicar en las ventas personales, familiares, empresariales y de negocios; ante esto, también se va a replicar de manera física y cuántica; además estás contribuyendo a tu sistema porque hace la transferencia y la replicación a tu entorno.

Será un proceso más integrado desde la prosperidad que va a tener su propia fluidez y movimiento. El esforzarse mucho también es una señal de conflicto para el universo y eso conlleva a los límites del estrés, el juicio y la expectativa para que se logre la venta.

Cada uno es tomador de decisiones y con este sistema esa parte de tomar decisiones, rumbos o posibilidades será de una manera más concisa, con certeza del rumbo a tomar.

En el mismo campo va a ir ajustando todo de tal manera que va a mostrar con claridad, las decisiones a tomar y todo se va a ir ajustando. Viene una etapa de más fluidez, el cerebro va a ir compactando en las líneas espacio-tiempo. Sin tener que manipularlo, sino más bien desde el estado de la certeza se empieza a ajustar las cuestiones del tiempo.

La creación del dinero viene propiamente de que el cerebro está abastecido en las cuatro etapas y debido a eso viene un equilibrio, una sincronicidad con el 6to acto, ya que el dinero es la cantidad de luz en equilibrio, el potencial neuronal.

Todo esto viene de manera cíclica, de manera sincrónica y todo se va a ir dando. Integrando las frecuencias de Nikola Tesla, también conocidas como el número tres, seis y nueve. Cada una de las frecuencias se expanden y se les puede llamar panel o generador de control del sistema cuántico de las ventas.

Cuando veas las palabras DAD y CIÓN, el cerebro empieza a generar nuevos transmisores, tal como serotonina y oxitocina; lo que genera un equilibrio en los hemisferios cerebrales.

Conforme se va avanzando, se irá creando, recreando o actualizando los productos y servicios, ingresando las nuevas frecuencias, números, palabras que tienen que ver con los actos del observador.

Conecta con la fuente inagotable de la inspiración y de la creatividad. Y aún sin tener productos o servicios, es importante que, durante el programa de 21 días, escribas en una hoja, tu nombre completo, fecha de nacimiento para ingresar la nueva información. Aún sin dedicarse a ninguna venta o exposición de algún producto o servicio.

El propósito es transmitir este programa y a empezar a replicar y a ingresar la nueva información para la integración total de los 21 días.

CAPÍTULO 3
ADN Meta-Ventas

Las 3 etapas del método Meta-Ventas

- La primera etapa es el contacto, es el que conoce y conecta.

- La segunda etapa es conectar con ese estado de gozo y satisfacción, que sería impulsar el motor de venta o el speech de vida.

- La tercera etapa es la consolidación de las ventas o la consagración de las ventas.

Si logran observar, dice tres, seis y nueve, que hacen referencia a las frecuencias Tesla en cada etapa del proceso.

La reconfiguración del cerebro con equilibrio de los hemisferios cerebrales, tanto derecho como izquierdo.

Construcción del ADN Meta-Ventas

Observa que para la construcción del ADN Meta-ventas, se invierte las palabras con terminación DAD y CION, es decir que para el hemisferio derecho se integran las palabras con CION y para el hemisferio izquierdo, las palabras con DAD, para efectos de integrar la construcción del nuevo ADN Meta-ventas.

La imagen de abajo que representa el hemisferio cerebral derecho con las frecuencias de N. Tesla (3, 6 y 9); integra a su vez, palabras que terminan con CION, esto es la base del ADN Meta-Ventas:

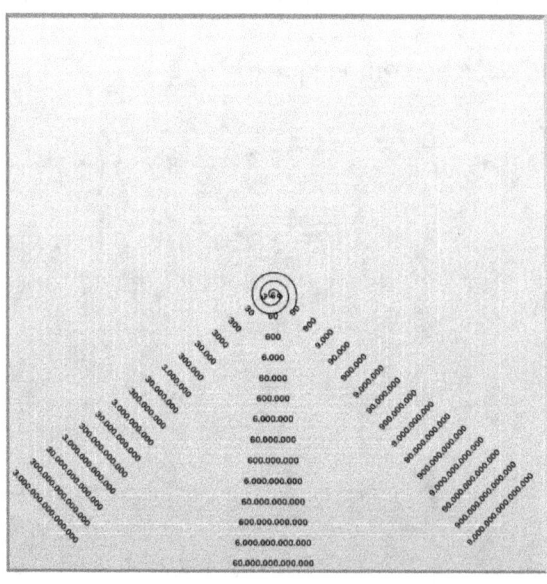

La siguiente imagen representa el hemisferio cerebral izquierdo con las frecuencias de N. Tesla (3, 6 y 9); integra a su vez, palabras que terminan con DAD:

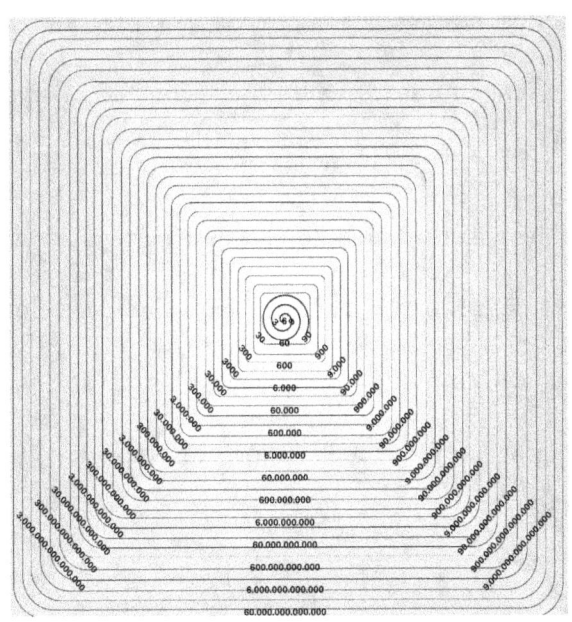

Esta parte de conexión se lleva hacia el ADN Meta-Ventas para empezar a conectar con el entorno.

Por otro lado, el hemisferio izquierdo es la parte lógica racional, es más como el anclaje, los números, la lógica, sobre todo la estructura y el razonamiento. Entonces, para equilibrar los hemisferios cerebrales, cada uno debe ir desarrollando e integrando las nuevas frecuencias para crear conexiones neuronales.

Cada hemisferio tiene relación con los colores, las frecuencias Tesla y las palabras, que de alguna manera logran la integración e interrelación de ambos hemisferios, con las nuevas frecuencias para lograr el equilibrio. Es posible que tenga más desarrollado el hemisferio derecho, pero a la hora de materializar y cristalizar los proyectos de vida se requiere el equilibrio en el hemisferio izquierdo, que es la parte racional.

Todavía se esté desarrollando para que haya un equilibrio entre ambos. Por eso hay una combinación o una interrelación con todas las frecuencias para anclar y materializar los proyectos de vida, en el aquí y en el ahora.

Observa el tiempo en todos los procesos que estén relacionados con el entorno, las relaciones de trabajo, los negocios, las empresas, todo se empieza a dar, todo lo que requiera, todas esas nuevas relaciones, negocios, redes y lo único es observar las piezas, cómo se van acomodando.

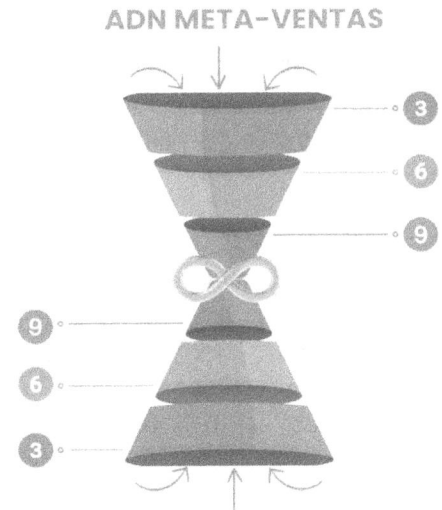

Únicamente toma el tiempo para que se vaya ajustando, acomodando y entonces, irán apareciendo en escena todo lo que se requiera para una integración.

En el centro está el infinito, que es una forma de anclar ese proceso. Entonces, la intención es que, con las palabras, las frecuencias Tesla, los números, pero también los actos del observador se vayan integrando todo.

En otras palabras, el derecho es lo intuitivo, es lo que conecta con el cielo y el izquierdo es lo que conecta con lo que es la tierra. Hemisferio cerebral derecho, lo que representa la parte de abajo de ADN meta-ventas. Las palabras con CIÓN son las que anclan o materializan.

Se va a integrar el hemisferio derecho en conexión al hemisferio izquierdo para lograr el anclaje y materialización a través de las frecuencias de Tesla que empieza desde el centro, el Fibonacci y va integrando el 369. La parte de arriba es el hemisferio izquierdo, el que ancla de alguna manera la parte racional, lo que se va a hacer es ingresar esa sensibilidad. Es como si se hicieran una interrelación y por eso se colocan esos colores, para conectar, desarrollar o equilibrar ambos hemisferios.

El movimiento del fluido de la ola para llegar hasta la replicación. Todo esto es un proceso del ADN meta-ventas. Sin dedicarte a algún tipo de servicio o ventas, de alguna manera ya estás integrando todo ese proceso. Se llama ADN meta-ventas, en donde cada uno de los hemisferios integra las nuevas frecuencias para conectar con el estado de prosperidad en las ventas.

Otro de los beneficios es que, sin temor a nada, puedes acceder a cualquier área profesional o de servicios, desde vender casas, propiedades, productos y servicios de alto valor o de alta plusvalía. Es decir, el procedimiento es el mismo, vas a poder acceder y compartir cualquier producto o servicio.

Efectivamente, el proceso de transacción de la venta está conectado a otros sistemas, por lo tanto, todos están interrelacionados en la venta, también tiene que ver con ADN meta-ventas. Lo que dará pie a que empiece a acordonar este sistema y dejar de interrelacionarse con otros sistemas que tienen un índice alto de cruce de sistemas (tráfico neuronal).

Eso hace que empieces a conectar con las ventas reales, que se materialice, se cristalicen y se anclen a un 100% el proceso del ADN meta-ventas. Esto debido a que hay un cambio, una transformación; sin dirigirse únicamente hacia el proceso de la venta, que son los vendedores de dichos productos o servicios, sino también en los productos y servicios que se compran.

Las transacciones son más fluidas, más conscientes, amorosas, prósperas y abundantes. Otro de los beneficios es que, todo lo que se haga tendrá replicación en el entorno, en las familias, en las empresas, todo este trabajo que se está haciendo.

Se está integrando la base del ADN en meta ventas con todas las palabras CIÓN, es decir, a todos los motores de ventas, al proceso de ventas en la vida diaria o cualquier transacción que se tenga, así como en el equilibrio en los hemisferios cerebrales y los neurotransmisores que son necesarios para empezar a crear esos estados coherentes de armonía.

Todas las habilidades cognitivas, fisiológicas y neurológicas se empiezan a restablecer, a generar ese estado de equilibrio. Toda esta nueva información que se está compartiendo realizará el movimiento de ir restableciendo los hemisferios cerebrales y neurotransmisores para generar nuevas redes, nuevas estructuras neurológicas para darle mantenimiento.

Sin límites para las ventas, ya que estas mismas se vuelven conscientes en el sentido que se va integrando el tiempo con toda la certeza de poder dar y compartir cualquier producto o servicio.

Las creencias de las ventas se han desintegrado para crear un nuevo proceso de ventas en la cual ya se hace con un fluido o con un movimiento. Sin esfuerzo o estrés. En general, tanto lo que se compra como lo que se vende; se hace un proceso más fluido, más amoroso, con más seguridad y certeza.

Integrando al hemisferio derecho con frecuencias cuánticas, estas son algunas palabras con terminación CION:

PALABRAS CON CIÓN	
Comprensión	Finalización
Contención	Culminación
Facilitación	Materialización
Comunicación	Observación
Creación	Manifestación
Cristalización	Administración

Integrando al hemisferio izquierdo con frecuencias cuánticas, estas son algunas palabras con terminación DAD:

PALABRAS CON DAD	
Contabilidad	Humanidad
Intelectualidad	Integridad
Potencialidad	Solidaridad
Ecuanimidad	Feminidad
Seguridad	Paternidad
Prosperidad	Maternidad
Unicidad	Conectividad
Capacidad	Sororidad
Gratuidad	Equidad
Habilidad	Sanidad
Conectividad	Neuroplasticidad

Cierre de ventas

Cuando se empieza a leer todos los comentarios para saber si la gente está satisfecha o insatisfecha o sí es un buen producto; es cuando la venta se vuelve más concreta de acuerdo con la experiencia de los demás. Asimismo, empiezan a conectar con su campo de información o su campo cuántico, porque las ventas abarcan muchos aspectos, mucho más que solo la transacción, sino que también es la interrelación de campos, de sistemas, de personas, de lugares e incluso de los animales.

Las ventas están relacionadas con el amor y este está relacionado con todos los sistemas de alguna manera. Hay que entender que la venta es un proceso de amor en sí mismo, manifestado de diferentes maneras. El amor mismo, la autoestima, el amor propio, la renovación en los productos y los servicios, la transformación y las nuevas realidades.

Es el amor, que se irá integrando desde el coxis, aparato reproductor, conexión con la tierra, energía femenina o lo que es sistema ancestral femenino y el dinero. Se comenzará ese viaje hasta el chakra raíz, lo que es la 4ta etapa y la relación con el amor propio y su interrelación con el amor y tú, la definición del amor con el entorno.

Cuando conectas con los campos de las ventas fallidas y la insatisfacción de los clientes, toda esa desinformación de alguna manera queda alojado en el campo de esos productos o esos servicios.

Con la integración de la manifestación y las frecuencias cuánticas se crea conexiones neuronales cada día dentro del programa de 21 días, desintegrando la última información e integrando una nueva. De todo lo mencionado, el cruce de sistemas, se le llama tráfico neuronal, el cual es generado por excesivo estrés, confusión e incertidumbre.

La conexión neuronal a través de la manifestación cuántica, se ingresa la nueva información. Además, el sistema toma las ubicaciones, datos e información; los reconoce y empieza a trabajar esas frecuencias que se van integrando hasta el día 21.

La materialización o el anclaje es el establecimiento de toda la información que se ha estado trabajando en el proceso de la venta; sin enfocarse únicamente en el proceso como tal de la venta.

Cuando tienes una reseña negativa de tu producto o servicio, toma, acepta, agradece e intégralo con estas tecnologías para ingresar una nueva información a tu producto o servicio. Ya que esa desinformación tiene 99.9% de que se replique o se repita de nuevo.

Hay una influencia para que se pueda lograr un impacto del cerebro en conexiones con el entorno, los productos y los servicios. Durante el programa de 21 días, se ingresa la nueva información que se va a materializar en tu bienestar, salud y en la relación con el entorno.

Cada día toma un producto o servicio y comienza a ingresar la nueva información. De esa manera se va a acordonar a través de las palabras o de la información que se ingrese, ya es muy importante para que esas experiencias del pasado, que se hayan tenido con los productos o servicios dejen de repetirse y replicarse.

Considera las tres partes: la antesala, durante y posterior que es parte del ADN Meta-Ventas. Además de contactar al cliente para que se dé la venta, también implica el timing, flujo, movimiento energético de la ola de la venta consciente, tomando todo en cuenta la venta se va a lograr al 100%.

Es muy importante ir monitoreando los productos o servicios, ingresando de manera constante, la nueva información a cada producto y servicio.

Por lo tanto, en la etapa del cierre, integración y culminación, se irá respetando el movimiento de la ola de la venta, para que desde un inicio se pueda establecerse y anclar como una venta consagrada, que se da con facilidad, amorosidad y armoniosidad.

Es decir, solamente es una cuestión del tiempo que se vaya ajustando y que de esa forma se logre la venta consagrada y deje de conectar con problemas, conflictos o insatisfacción del cliente. Por lo que, viene una nueva transformación en tu relación con el entorno y sobre todo en el amor, ya que has estado integrando la conexión con el amor.

Otra parte esencial es que continúes trabajando con tu speech de venta porque eso es tu motor, el combustible para que en sí mismo la venta tenga esa fuerza y unidad con la fluidez de la ola para conectar con ese estado coherente de gozo, satisfacción y eso lleve al cierre y la consolidación de la venta desde un proceso de amor; dirígete con la verdad desde un inicio.

Recuerda que todas las ventas tienen una fluidez, como el ritmo de la ola. Sin prisa de nada, el cliente va a valorar esa apreciación y el hecho de que le estás dando su lugar y buen servicio y atención, lo que te puede generar más referidos en tus productos o servicios. Es ahí cuando empieza el proceso de la replicación y expansión; las ventas por sí solas se van a dar sin perder el rumbo de la venta.

Es decir, una venta es la conexión con la persona, el ritmo que es el flujo de la venta o de la ola que también está relacionada con esa energía o el estado coherente de la alegría del dar, en otras palabras; es el motor de venta, es parte de la consagración de la venta. Por lo que la persona emite el mensaje al receptor y logra una comunicación asertiva dentro de la venta. Por eso el chakra de la garganta ha sido activado dado que se potencializa y se activa el don de la palabra CIÓN y DAD, creando nuevas conexiones neuronales.

Programa de 21 días
"Meta-Ventas Conscientes"

DIA 1	DIA 2	DIA 3	DIA 4
Movimiento fluido Chakra corona **1a. etapa**	Fluido natural de la vida Chakra corona **1a. etapa**	Reconectando con la fuente creadora Chakra corona **1a. etapa**	La observación Chakra tercer ojo **1a. etapa**
DIA 5 Visión y estructura Chakra tercer ojo **1a. etapa**	**DIA 6** Sistema de creencias Chakra tercer ojo **2a. etapa**	**DIA 7** Cruce de sistemas Chakra garganta **2a. etapa**	**DIA 8** 7 pecados capitales y las ventas Chakra garganta **2a. etapa**
DIA 9 Reseteo neuronal Chakra garganta **2a. etapa**	**DIA 10** 3 C's corazón **2a. etapa**	**DIA 11** Conecta motivo de venta corazón **2a. etapa**	**DIA 12** Formula tu speech de vida corazón **3a. etapa**
DIA 13 Embudo de ventas Plexo solar **3a. etapa**	**DIA 14** Timing Plexo solar **3a. etapa**	**DIA 15** Crea tu propio sistema de ventas Plexo solar **3a. etapa**	**DIA 16** Desarrolla tu sistema de ventas Sacro **3a. etapa**
DIA 17 Cerebro expandido venta expandida Sacro **4a. etapa**	**DIA 18** Cierre Sacro **4a. etapa**	**DIA 19** Consagración de la venta Raíz **4a. etapa**	**DIA 20** Expansión de ventas conscientes Raíz **4a. etapa**
DIA 21 Replicación de ventas conscientes Raíz **4a. etapa**			

Día 1. Movimiento Fluido

❃ Chakra corona: Inspiración y Reconexión con las ventas.

➢ *Lee y recibe estas conexiones neuronales:*

- Observo, dejo ser y fluir el movimiento de la ola consciente de las ventas sin estrés sin expectativas. Así ya es (3) gracias (3).
- Disfruto y conecto con cada momento e instante presente, el gozo, la satisfacción y emoción de dar y compartir. Así ya es (3) gracias (3)
- Me abro a las posibilidades infinitas que el universo tiene para mí, en relaciones de amor, pareja, ventas, negocios, trabajo, empresas. Así ya es (3) gracias (3).

Audio 1

Día 2. Flujo Natural de la Vida

✳ Chakra Corona: Inspiración y Reconexión para conectar con tus ventas

➤ *Lee y conecta estas conexiones neuronales (3 veces)*
- Dejo de contener, dejo de esforzarme
- Dejo ir
- Dejo ser el fluido natural de la vida
- La forma en que reacciona el entorno corresponde a ellos
- Dejo de contener, dejo ir, confío en el flujo natural de la vida
- Así ya es (3) gracias (3).

Audio 2

Día 3. Reconectando con la fuente creadora de la creatividad e inspiración

---

✱ Chakra Corona

➢ *Lee, siente, respira y conecta desde tu corazón (3 veces)*

- Soy la fuente creadora de amor y luz
- Soy la fuente inagotable de prosperidad
- Soy la fuente inagotable creadora de la creatividad e inspiración
- Así ya es (3) gracias (3)

Audio 3

Día 4. La observación

* Chakra tercer ojo

➤ *Lee y conecta estás conexiones neuronales:*
- Yo soy la observación
- La observación ya es en mi
- El observador ya es en mi
- Yo soy el gran observador
- Yo soy lo observado
- Yo soy las ventas conscientes
- Las ventas conscientes son el gran observador
- Las ventas conscientes son el amor
- Las ventas conscientes son la gran consciencia
- Así ya es (3) gracias (3)

Audio 4

Día 5. Visión remota

✶ Chakra Tercer ojo: Visión y estructura de tus ventas
- La visión y estructura de mis ventas son amorosas, prósperas y abundantes
- Conecto con el motor de vida con amorosidad, armoniosidad, facilidad y total neutralidad
- Conecto con mi speech de vida con seguridad, serenidad y tranquilidad
- Soy el dar y compartir
- Tengo la total certeza de dar y compartir
- Soy la certeza de dar y compartir
- Soy la certeza de vender
- Soy el dar y compartir ventas conscientes
- Así ya es (3) gracias (3)

Audio 5

Día 6. Sistema de creencias de cruce de sistemas en las ventas

---

✱ Chakra tercer ojo

- Soy la semilla original
- Soy el eslabón de amor y luz
- Soy el código ADN Prosperidad
- Integro todos los cruces de sistemas que hayan existido en todas las líneas espacio-tiempo y ciclos del tiempo, realidades.
- Soy los cruces de sistemas
- Soy las ventas conscientes
- Soy el ADN de la prosperidad
- Soy el 6o. acto
- Soy la nueva frecuencia cuántica

Audio 6

Día 7. Cruce de sistemas

✳ Chakra garganta: 2a. Etapa del modelo: reparación
- Mi garganta es mi mayor aliado
- Mis palabras son gotas de amor y luz que se expanden desde el corazón
- Conecto y atraigo con gracia y amorosidad con clientes potenciales, amorosos y prósperos.
- Conecto, escribo y transmito mi motor de vida con facilidad, seguridad y prosperidad.
- Así ya es (3) gracias (3).

Audio 7

Día 8. 7 pecados capitales y las ventas

✱ Chakra garganta: 2a. etapa del sistema

➤ *Lee y recibe estas conexiones neuronales:*
- Soy el amor en todas sus manifestaciones y expresiones
- Manifiesto desde la asertividad y amorosidad
- Conecto y escribo mi motor de vida con armoniosidad, seguridad y neutralidad
- Los 7 pecados capitales son el eslabón del amor y de luz en expansión
- Los 7 pecados capitales de las ventas desde tu ADN son la sanidad y prosperidad, son el 6o. acto en acción
- Los 7 pecados capitales y las ventas son el motor, vehículo del bienestar, abundancia y prosperidad.
- Así ya es (3) gracias (3)

Audio 8

Día 9. Reseteo neuronal

✽ Chakra garganta: 2a. Etapa
- La relación con mi garganta es amorosa y saludable
- Mi garganta es mi mejor aliado
- Mis palabras son el lenguaje de la Luz
- Mi red neuronal es prosperidad y abundancia
- Se equilibra: corazón-cerebro-intestino al 100%
- Se repara mis redes neuronales con amorosidad y total neutralidad
- Así ya es (3) gracias (3)

Audio 9

Día 10. El dinero y las 3Cs de las ventas: contacta, conoce y conecta

➤ *Recibe estas conexiones neuronales:*
- El dinero es mi mejor aliado
- El sistema de creencias del dinero son el amor y la prosperidad - El cruce de sistemas es el amor en su máxima expresión
- Yo soy el dinero
- Mi relación con el dinero es amor
- Soy el dinero en todas sus manifestaciones
- Conecto con mi motor de ventas al 100%
- Conecto con el speech de mi vida con armoniosidad y total neutralidad
- Así ya es (3) gracias (3)

Audio 10

Día 11. Conecta con el corazón para crear tu motor de venta tu motor de vida

---

✻ Chakra corazón: 2a etapa reparación

➤ *Lee y recibe estas conexiones neuronales:*

- Soy el latido de mi corazón en las ventas
- Conecto con la consciencia de las ventas
- Las palabras con DAD y CIÓN son mejor aliado
- Mi motor de vida es la abundancia y prosperidad
- Conecto con mi motor de ventas con total neutralidad, facilidad y prosperidad
- Así ya es (3) gracias (3)

Audio 11

Día 12. Reconfiguración del nuevo sistema ADN ventas conscientes

➤ *Lee y recibe estas conexiones neuronales:*
- Mi ADN y yo somos Uno
- El amor ya es en mi
- La salud ya es en mi
- El dinero ya es en mi
- La prosperidad ya es en mi
- Mi salud se ha restablecido al 100% desde mi ADN
- Los cruces de sistemas son el amor, luz y prosperidad desde mi ADN
- ADN ventas ya es en mí
- Así ya es (3) gracias (3)

Audio 12

Día 13. Conectando con el generador/transformador/controlador del nuevo sistema ADN ventas conscientes.

➤ *Lee y recibe estas conexiones neuronales:*

- Tú y la relación con la prosperidad es armoniosa, próspera y saludable.
- Tú y la relación con el dinero, es próspera, armoniosa y abundante.
- Se integran, liberan, culminan y finalizan todos los cruces de sistemas (tráfico neuronal) de las ventas en todas las líneas-espacio y ciclos del tiempo. Se integra la definición, perspectiva, entendimiento de lo que estar en relación prospera en las ventas conscientes.
- Crea nuevos circuitos, redes y conexiones neuronales en tu relación con las ventas conscientes y tú en todas las líneas espacio-tiempo, líneas y ciclos del tiempo desde tu ADN. Así ya es (3) gracias (3).
- Conecta con las palabras que terminan con CIÓN y con DAD, cómo:

- o Estabilidad, sexualidad, unidad, amabilidad, bondad, seguridad, amorosidad, armoniosidad, claridad, sanidad, prosperidad, alcalinidad, inmunidad, neuroplasticidad, ciclicidad, sanidad, sincronicidad, replicidad, familiaridad, permeabilidad, longevidad, creatividad, confidencialidad, parentalidad, desintoxicación, desparasitación, conexión, armonización, materialización, cristalización, comunicación, protección, determinación, regeneración, reconexión, recalibración, transformación, ensoñación.
- Crea nuevos circuitos y conexiones neuronales: dar-dinero-luz-amor-prosperidad- ventas conscientes y los elementos: tierra, agua, aire, fuego, éter; y las frecuencias cuánticas. Así ya es (3) gracias (3).

Audio 13

Día 14. Instalación del nuevo sistema cuántico ADN ventas

➢ *Lee y recibe estas conexiones neuronales:*

- Tú y la relación con la prosperidad es armoniosa, próspera y saludable.
- Tú y la relación con el dinero, es próspera, armoniosa y abundante.
- Se integran, liberan, culminan y finalizan todos los cruces de sistemas (tráfico neuronal) de las ventas en todas las líneas-espacio y ciclos del tiempo. Así ya es (3) gracias (3)
- Crea nuevos circuitos, redes y conexiones neuronales en tu relación con las ventas conscientes y tú en todas las líneas espacio-tiempo y ciclos del tiempo desde tu ADN. Así ya es (3) gracias (3)
- Conecta con las palabras que terminan con CIÓN y con DAD, cómo:

- ○ Regeneración, comunicación, creación, materialización, cristalización, recalibración, reconfiguración, sexualidad, unidad, amabilidad, bondad, seguridad, amorosidad, armoniosidad, claridad, sanidad, prosperidad, alcalinidad, inmunidad, neuroplasticidad, ciclicidad, sanidad, sincronicidad, replicidad, familiaridad, permeabilidad, longevidad, creatividad, confidencialidad, parentalidad.
- Crea nuevos circuitos y conexiones neuronales: dar-dinero-luz-amor-prosperidad- ventas conscientes y los elementos: tierra, agua, aire, fuego, éter; y las frecuencias cuánticas. Así ya es (3) gracias (3).

Sesión grupal Día 14

"Instalación del nuevo sistema ADN cuántico de las ventas conscientes"

- Observa la respiración. Esta sesión va dirigida a todas las intenciones y peticiones. A cada uno de los asistentes y participantes de este grupo, lo que corresponda a su sistema de redes respectivo, correspondiente y alterno.
- **Primer acto.** Acto uno. Etapa tres del sistema de instalación cuántica ADN Ventas. DAD y CIÓN.

- **Segundo acto.** Acto dos. Recalibración, reconfiguración, transformación, renovación, integración, comunicación y creación. Instalación del nuevo sistema cuántico de ventas.
- **Tercer acto.** Acto tres. 3, 6, 9. Regeneración, reparación, restauración, reconexión. Observa la respiración desde el gran vortex corazón.
- **Cuarto acto.** Acto cuatro. Generador, controlador: el nuevo panel de control. El nuevo sistema cuántico ADN Ventas desde el gran poder de exploración, restablecimiento, reparación, reinstalación, recodificación, reconexión, materialización, cristalización de las ventas conscientes de todos los productos y servicios.
- **Quinto acto.** Acto cinco. Materialización, cristalización, prosperidad, sanidad, comunidad, ciudad, facilidad, neutralidad, totalidad, integralidad, conectividad. Realizando 12 respiraciones continuas, reconectando: cerebro-corazón-intestinos, corazón Gaia, corazón cristal central de la Madre Tierra.
- **Sexto acto.** Acto seis. Nueva frecuencia cuántica en la instalación del sistema cuántico ADN: corazón-cerebro-intestinos-coxis, corazón cristal Gaia Madre Tierra. Integración de la instalación del nuevo sistema ADN de las ventas en los negocios, empresas y organizaciones en todos los niveles. A nivel personal, familiar, laboral, profesional y todo lo que corresponda al sistema de redes respectivo en expansión, materialización, reconexión, creación, culminación, finalización, iniciación, comunicación.

Toma unos minutos de reposo, realizando 12 respiraciones a través del vórtex corazón. Esta sesión ha culminado. Finalizado y terminado al 100%. Así ya es (3) gracias (3).

Toda esta apertura es para ir hacia el 6to acto, hacia la nueva frecuencia, hacia todas las posibilidades. En recibir apertura del corazón para recibir todas las nuevas posibilidades infinitas. La fuente de la prosperidad, la fuente inagotable. La prosperidad del amor, del dinero, de la salud, de la sanidad, de la prosperidad. Así ya es (3) Gracias (3).

La información que está contenida en el genoma de alguna manera se va a reconectar y se va reconfigurando, colando esa nueva información y dejando la información poderosa. Sin forzar, sino más bien ingresar a ese nuevo acto que es la nueva frecuencia, es el 6to acto como una avalancha, un remolino de información.

A veces, el sistema de creencias que estaba alojado en el ADN se está reconfigurando para ingresar una nueva frecuencia; se va restableciendo y se va asentando sin caos, sin nada más que amor mismo y armonía.

Audio 14

Día 15. Timing y creación de tu propio sistema cuántico ADN ventas

➤ Lee y recibe estas conexiones neuronales:

- Tú y la relación con el método meta-ventas es armoniosa, próspera y saludable.
- Tú y la relación con el dinero, es próspera, armoniosa y abundante.
- Se integran, liberan, culminan y finalizan todos los cruces de sistemas (tráfico neuronal) de las ventas en todas las líneas-espacio y ciclos del tiempo. Así ya es (3) gracias (3).
- Crea nuevos circuitos, redes y conexiones neuronales en tu relación con las ventas conscientes y en tu ADN ventas en todas las líneas espacio-tiempo y ciclos del tiempo.
- Conecta con las palabras que terminan con CIÓN y con DAD, cómo:

- o   Regeneración, comunicación, creación, materialización, cristalización, recalibración, reconfiguración, sexualidad, unidad, amabilidad, bondad, seguridad, amorosidad, armoniosidad, claridad, sanidad, prosperidad, alcalinidad, inmunidad, neuroplasticidad, ciclicidad, sanidad, sincronicidad, replicidad, familiaridad, permeabilidad, longevidad, creatividad, confidencialidad, parentalidad.
- Crea nuevos circuitos y conexiones neuronales: dar-dinero-luz-amor-prosperidad-meta-ventas conscientes y los elementos: tierra, agua, aire, fuego, éter; y las frecuencias cuánticas. Así ya es (3) gracias (3).

Audio 15

Día 16. Desarrolla e integra tu propio sistema cuántico ADN meta-ventas aplicado a tus negocios/empresas

✱ Chakra sacro

➢ *Lee y recibe estas conexiones neuronales:*

- Tú y la relación con el ADN meta-ventas es armoniosa, próspera y saludable.
- Tú y la relación con el dinero, es próspera, armoniosa y abundante.
- Tú y la relación con el tiempo, es próspera, armoniosa y abundante.
- Se integran, liberan, culminan y finalizan todos los cruces de sistemas (tráfico neuronal) del ADN meta-ventas en todas las líneas-espacio y ciclos del tiempo.
- Crea nuevos circuitos, redes y conexiones neuronales en tu relación con el ADN meta-ventas conscientes en todas las líneas espacio-tiempo y ciclos del tiempo.
- Conecta con las palabras que terminan con CIÓN y con DAD, cómo:
    o Regeneración, comunicación, creación, materialización, cristalización, recalibración, reconfiguración, sexualidad, unidad, amabilidad, bondad, seguridad, amorosidad, armoniosidad, claridad, sanidad, prosperidad, alcalinidad, inmunidad, neuroplasticidad, ciclicidad, sanidad, sincronicidad, replicidad, familiaridad, permeabilidad, longevidad, creatividad, confidencialidad, parentalidad.

- Crea nuevos circuitos y conexiones neuronales: dar-dinero-luz-amor-prosperidad-ADN meta-ventas conscientes y los elementos: tierra, agua, aire, fuego, éter; y las frecuencias cuánticas. Así ya es (3) gracias (3).

Audio 16

Día 17. Cerebros y corazones expandidos, ventas expandidas desde tu ADN meta-ventas aplicado a tus negocios/empresas

✱ Chakra sacro

➤ *Lee y recibe estas conexiones neuronales:*

- Tú y la relación con tu cerebro expandido es armoniosa, próspera y saludable.

- Tú y la relación con las ventas expandidas es próspera, armoniosa y abundante.
- Tú y la relación con el tiempo, es próspera, armoniosa y abundante.
- Crea nuevos circuitos, redes y conexiones neuronales en tu relación con tu cerebro expandido desde tu ADN meta-ventas conscientes en todas las líneas espacio-tiempo y ciclos del tiempo.
- Conecta con las palabras que terminan con CIÓN y con DAD, cómo:
    - Regeneración, comunicación, creación, materialización, cristalización, recalibración, reconfiguración, sexualidad, unidad, amabilidad, bondad, seguridad, amorosidad, armoniosidad, claridad, sanidad, prosperidad, alcalinidad, inmunidad, neuroplasticidad, ciclicidad, sanidad, sincronicidad, replicidad, familiaridad, permeabilidad, longevidad, creatividad, confidencialidad, parentalidad.
- Crea nuevos circuitos y conexiones neuronales: dar-dinero-luz-amor-prosperidad-ADN meta-ventas conscientes y los elementos: tierra, agua, aire, fuego, éter; y las frecuencias cuánticas. Así ya es (3) gracias (3).

Audio 17

Día 18. Cierre de ventas conscientes

❋ Chakra raíz

- Conecto con el punto de conexión para resolver la necesidad de mis clientes o usuarios. Así ya es (3) gracias (3)
- Conecto con el gozo o satisfacción de dar y compartir (vender).
- Elijo y conecto con la verdad en todas mis transacciones, ventas y negocios en mi vida diaria. Así ya es (3) gracias (3)
- Atraigo clientes amorosos, prósperos y abundantes que reconocen en mí, el bien vender y al buen vendedor(a). Así ya es (3) gracias (3).
- Reconozco en mí el gran valor que tengo para dar y compartir (vender).
- Reconozco en mí, la plusvalía cómo beneficio de la venta.
- Reconozco, valoro y agradezco en mí, el gran trabajo que hago, que realizo, que doy y comparto.
- El entorno reconoce mi trabajo, valora y agradece. Así ya es (3) gracias (3)
- Llegan todos los recursos y provisiones, y todo lo que requieran mis clientes o usuarios para pagar (dar) sus productos o servicios con total facilidad, neutralidad y amorosidad. Así ya es (3) gracias (3)

- Mis clientes o usuarios valoran, reciben, toman y agradecen el amor manifestado en mis productos y servicios. Así ya es (3) gracias (3)

Audio 18

Día 19. Consagración de ventas conscientes

❃ Chakra raíz

- Yo soy el gozo o satisfacción de dar y compartir (vender). Así ya es (3) gracias (3)
- Yo soy la verdad en todas mis transacciones, ventas y negocios en mi vida diaria. Así ya es (3) gracias (3)
- Yo soy la ley de atracción para conectar clientes amorosos, prósperos y abundantes que reconocen en mí, el bien vender y al buen vendedor(a). Así ya es (3) gracias (3)

- Yo soy el amor, merecimiento, reconocimiento y agradecimiento manifestado en mi vida diaria, productos, servicios, empresas, negocios y entorno. Así ya es (3) gracias (3)

Audio 19

Día 20. Expansión de ventas conscientes

❊ Chakra raíz: Mantenimiento del sistema cuántico: ADN meta-ventas.

- Yo soy el dar y compartir (vender). Así ya es (3) gracias (3)
- Yo soy las ventas conscientes. Así ya es (3) gracias (3).
- Atraigo clientes amorosos, prósperos y abundantes que reconocen en mí, el bien vender y al buen vendedor(a). Así ya es (3) gracias (3)
- Yo soy el amor, reconocimiento y agradecimiento manifestado y en mi vida diaria, productos, servicios, empresas, negocios y entorno.
- Tú y la relación con la expansión de las ventas es armoniosa, próspera y saludable.

- Tú y la relación con el tiempo, es próspera, armoniosa y abundante.
- Crea nuevos circuitos, redes y conexiones neuronales en tu relación con tu cerebro expandido desde tu ADN meta-ventas conscientes en todas las líneas espacio-tiempo y ciclos del tiempo. Así ya es (3) gracias (3)
- Conecta con las palabras que terminan con CIÓN y con DAD, cómo:
    o Regeneración, comunicación, creación, materialización, cristalización, recalibración, reconfiguración, sexualidad, unidad, amabilidad, bondad, seguridad, amorosidad, armoniosidad, claridad, sanidad, prosperidad, alcalinidad, inmunidad, neuroplasticidad, ciclicidad, sanidad, sincronicidad, replicidad, familiaridad, permeabilidad, longevidad, creatividad, confidencialidad, parentalidad.
- Crea nuevos circuitos y conexiones neuronales: dar-dinero-luz-amor-prosperidad-expansión ADN meta-ventas conscientes y los elementos: tierra, agua, aire, fuego, éter; y las frecuencias cuánticas. Así ya es (3) gracias (3).

Audio 20

Día 21. Replicación de las ventas conscientes. Replicación del ADN meta-ventas en tus negocios, empresas y entorno.

✳ Chakra raíz: Mantenimiento.

➤ *Recibe estas conexiones neuronales:*

- Yo soy el merecimiento del amor, luz y prosperidad. Así ya es (3) gracias (3)
- Yo soy el ADN meta-ventas conscientes. Así ya es (3) gracias (3)
- El fraude, transacciones y negocios fraudulentos es el amor expandido en prosperidad. Así ya es (3) gracias (3)
- Yo soy la consciencia expandida. Así ya es (3) gracias (3)
- Atraigo clientes y usuarios que negocien, comercien y realicen transacciones y negociaciones prósperas y abundantes conmigo. Así ya es (3) gracias (3)
- Mis productos y servicios satisfacen y ayudan a las necesidades de clientes y usuarios.
- Se expanden mis productos y servicios con facilidad, a morosidad, seguridad y prosperidad.
- Desarrollo, conecto y expando mi producto o servicio estrella.
- Eres comunicador (a), negociador(a), vendedor (a), líder consciente.
- Comparto mis productos y servicios desde la sensibilidad, racionalidad, conectividad, familiaridad, seguridad, prosperidad, exploración, protección, fidelización, asociación, acción, decisión. Así ya es (3) gracias (3).

– Se consolida la venta de mis productos y servicios al 100%. Así ya es (3) gracias (3).

Audio 21

Sesión grupal Día 21

"ADN Meta-Ventas. Integración y mantenimiento del nuevo sistema cuántico. ADN meta ventas aplicado en la vida diaria, negocios y empresas"

- Integrando los actos del observador. Las frecuencias cuánticas: palabras con DAD y CION, 369 y Actos del observador dirigida esta sesión grupal a todas las intenciones y peticiones como grupo y a todo lo que corresponda a su sistema de redes respectivo, correspondiente y alterno. ADN meta-ventas.
- Ingresando la nueva información al campo cuántico ADN meta-ventas desde el estado de: Prosperidad. Amorosidad. Sanidad. Serenidad. Tranquilidad. Solidaridad. Comunidad. Ciudad. Neutralidad. Totalidad. Neuroplasticidad. Sororidad. Impecabilidad. Vacuidad.
- Respirando desde el gran vórtex corazón conectas con el Fibonacci que nace del corazón y desde el corazón hacia el Fibonacci. Toda la serie de Fibonacci está en conexión con las frecuencias Tesla 3, 6, 9. ADN meta-ventas conscientes 6to acto. Conectando con la gran conciencia del corazón. La gran conciencia del gran vórtex corazón en conexión con cerebro-intestinos-coxis- corazón cristal, Gaia, Madre Tierra.

- ADN meta ventas, ventas conscientes desde la prosperidad. Amorosidad. Facilidad. Neutralidad. Totalidad. Conectividad. Conectividad. Comunidad. Ciudad. Reconexión. Creación. Cristalización. Materialización de las ventas conscientes ADN meta ventas. Desde el gran vórtex corazón de la serie Fibonacci y la frecuencia del tres a la doceava, del seis a la doceava, del nueve a la doceava.
- Realiza 12 respiraciones continuas profundas a través del corazón, desde la gran conciencia. Conciencia del corazón. Respirando, reconectando, transformando, renovando desde el amor. En conexión con la Tierra Gaia.
- Realiza 12 respiraciones continuas profundas, culminó, finalizó y terminó al 100% esta sesión grupal. ADN meta ventas conscientes. Gracias, Gracias, Gracias. Toma unos minutos de reposo.

Sesión día 21

**¿Deseas recibir la certificación completa ADN Meta-Ventas?
¡Escanea este código QR y obtén más información!**

Conclusión

En la conclusión de "Vender con Propósito: Descubre tu ADN Meta-Ventas, Programa Máster de 21 Días", se invita a los lectores a reflexionar sobre su viaje hacia convertirse en vendedores conscientes. Se destaca la importancia de alinear las acciones diarias con un propósito más profundo y significativo para alcanzar el éxito en ventas y contribuir positivamente al mundo que nos rodea.

Se resumen los principales conceptos y prácticas aprendidas a lo largo del programa máster de 21 días, animando a los lectores a implementar estos principios de manera consistente en su vida profesional y personal. Se enfatiza que el verdadero éxito en las ventas se mide en términos de cifras y resultados, así como también en la capacidad de generar relaciones auténticas y de impactar positivamente en la vida de los clientes.

Finalmente, se ofrece un mensaje de inspiración y motivación para que cada lector continúe desarrollando su ADN Meta-Ventas, explorando nuevas oportunidades de crecimiento y contribuyendo de manera positiva a su comunidad y entorno laboral.

En el viaje de descubrimiento hacia el ADN Meta-Ventas que hemos emprendido juntos a lo largo de este programa de 21 días, has explorado los fundamentos esenciales para transformarte en un vendedor consciente y efectivo. Has aprendido que más allá de las técnicas y estrategias, el verdadero éxito en las ventas radica en la conexión profunda con tu propósito.

Durante este tiempo, has interiorizado la importancia de alinear tus acciones con valores auténticos, de comprender las necesidades de tus clientes más allá de la transacción comercial, y de cultivar relaciones basadas en la confianza y el respeto mutuo. Has explorado cómo tu propia claridad y coherencia interna pueden resonar de manera poderosa en cada interacción que tienes con tus prospectos y clientes.

Como vendedor consciente, además de buscar cerrar negocios, te comprometes a agregar valor genuino a la vida de las personas a través de tus productos y servicios. Has descubierto que cada venta representa una oportunidad para impactar positivamente, para resolver problemas reales y para contribuir al crecimiento y éxito de quienes confían en ti.

Ahora, al finalizar este programa, te invito a llevar estos principios más allá del libro y de tus sesiones de práctica diaria. Sigue cultivando tu ADN Meta-Ventas en cada faceta de tu carrera y vida personal. Mantén viva la curiosidad por aprender y adaptarte, por mejorar continuamente tu habilidad para escuchar y comprender las verdaderas necesidades de tus clientes.

Recuerda siempre que el éxito sostenible en las ventas es construir relaciones duraderas y significativas. Celebra tus logros, aprende de los desafíos y mantén siempre presente el propósito que te guía en cada paso del camino.

Con determinación y autenticidad, continúa siendo un agente de cambio positivo en el mundo de las ventas. Tu compromiso con el propósito elevará tu desempeño profesional y la calidad de vida de aquellos a quienes sirves. ¡Adelante, y que tu ADN Meta-Ventas ilumine cada paso de tu camino hacia un futuro brillante!

Libros recomendados

- Lara, Ana Silvia; Neuroakashico® el gran observador, un avance en neurociencias; Balboa Press; 2020, USA.

- Lara, Ana Silvia et al; Salud emocional, ansiedad, depresión y estrés, vol. #5; Summarium, construcción colectiva del conocimiento; 2022, USA.

- Lara, Ana Silvia; Neuronas dinero, método práctico para vivir en prosperidad; Ana Silvia Lara Publishing LLC; 2023, USA.

- Lara, Ana Silvia; The great code: Akashic activator unlimited light; Ana Silvia Lara Publishing LLC; 2023, USA.

- Lara, Ana Silvia: Código ADN Prosperidad, programa de 21 días; Ana Silvia Lara Publishing LLC; 2024, USA.

Libros en Amazon

Glosario

ADN Meta-Ventas: Concepto central del libro que representa el conjunto único de habilidades, valores y propósito que define cómo cada individuo se relaciona con el proceso de ventas. Representa la base fundamental desde la cual un vendedor opera de manera auténtica y efectiva.

Ventas Conscientes: Práctica de ventas que integra valores éticos, responsabilidad social y un propósito personal profundo. Implica una conexión genuina con los clientes, enfocándose en crear valor y satisfacción mutua en lugar de simplemente cerrar transacciones.

Propósito: Razón fundamental y personal que impulsa a un individuo a realizar su trabajo de ventas de manera significativa y satisfactoria.

Programa Máster de 21 días: Método estructurado y guiado para desarrollar y potenciar las habilidades de ventas conscientes a lo largo de tres semanas.

Sound Healing: Práctica que utiliza sonidos y frecuencias para mejorar el bienestar emocional y mental, integrada en el programa para promover la claridad y el equilibrio.

Speech: Discurso u oratoria de ventas; acto de vender.

Códigos QR: Herramienta tecnológica que permite acceder fácilmente a los audios de sound healing y otros recursos digitales mencionados en el libro.

Frecuencias de Conexiones Neuronales: Estímulos auditivos diseñados para activar y fortalecer las conexiones neuronales relacionadas con la eficacia y la claridad mental en el contexto de las ventas.

Fibonacci: Series de números que actúan como frecuencias en el campo de información o campo cuántico de la persona.

Prosperidad: Concepto que va más allá del éxito financiero, abarcando el bienestar general y el crecimiento personal como resultado de prácticas de ventas conscientes.

Acerca de la autora

Ana Silvia Lara es Dra. Honoris Causa, autora bestseller, conferencista e instructora internacional, consultora certificada en Negocios y Derechos Humanos. Cuenta con otros estudios en Neurociencias, Biología molecular, Genética, manejo del estrés y trauma.

Nació en la ciudad de Comitán de Domínguez, Chiapas, México, actualmente reside con su familia en California. Cuenta con estudios de licenciatura en Economía por la Universidad Popular Autónoma de Puebla (UPAEP) México, actualmente estudiante de MBA en Finanzas por la UTH Florida University.

Escribió el libro *"Neuroakashico® el gran observador, un avance en neurociencias"*, versión español e inglés además coautora del best seller *"Ansiedad, estrés y depresión, summarium vol. 5"*, autora bestseller del libro *"Neuronas Dinero"* y *"Código ADN Prosperidad"*.

Ha participado en diversas entrevistas y conferencias a nivel internacional en programas de radio, tv y online. Ha logrado impactar por más de 15 años, en miles de personas, formando a practicantes y facilitadores, compartiendo sesiones, clases y certificaciones individuales y grupales, en empresas y negocios.

Actualmente como directora y cofundadora de The Crystal City y las nuevas universidades de la consciencia: Neuroakashic® University, organizaciones sin fines de lucro en California, enseña y viaja a otros países para ensenar y expandir el nuevo sistema cuántico y frecuencias Neuroakashico® aplicado a la construcción de las nuevas ciudades cristal para lograr mantener el estado de equilibrio pleno, coherencia cerebral y cardiaca, armonía, bienestar, balance y unir familias en las nuevas ciudades cristal, la nueva humanidad.

Contáctanos:

www.anasilvialara.com

info@anasilvialara.com

+1 7862810465

Estados Unidos

Facebook: @anasilvialara

Instagram: @anasilvialara

in: Ana Silvia Lara

Youtube: @anasilvialara

www.ingramcontent.com/pod-product-compliance
Lightning Source LLC
Chambersburg PA
CBHW071836210526
45479CB00001B/166